Florecer en el abismo

Juan Antonio Ruiz Gómez

Ilustración de David Ruiz Rodríguez

SUNRISE
Editorial

eraseunavez.org

eraseunavez.org

Primera edición, abril 2025

©Juan Antonio Ruiz Gómez, 2025

Edita: Sunrise capital, S.L.
©Sunrise Editorial
C/. Lima, 42, posterior
28945 Fuenlabrada, Madrid
entrelineas@eraseunavez.org
www.eraseunavez.org

Realización, impresión y distribución: Sunrise capital, S.L.
Ilustración de cubierta: David Ruiz Rodríguez
Diseño de cubierta y maquetación: Estela R. Millanes - beyka.es

ISBN: 979-13-990113-9-5
Depósito legal: M-7409-2025

 Con la compra de este libro usted colabora con 2 céntimos de € para la plantación de árboles.

 Impreso en papel ecológico

Impreso en España / Printed in Spain

A Mila, que siempre florece en primavera

«la por quien helar y arder me siento.»

Luis de Góngora y Argote

NOTA DEL AUTOR

Florecer en el abismo es una colección de poemas escritos entre junio de 2022 y diciembre de 2024. He decidido mantenerlos en su orden cronológico para que reflejen los estados emocionales durante ese período.

En cuanto a los títulos, en un primer momento pensé en presentarlos tal cual habían surgido, desnudos, sin acompañamiento, pero Calíope y Erató me convencieron de darles un pie de entrada. Sin ritmo no hay poesía. Extraído de un verso del poema titulado «Habían llegado», el nombre del poemario, *Florecer en el abismo*, nace a posteriori. La vida es tan bella como dura. Nunca deja de sorprendernos porque el final está escrito.

Antes de aparecer reunidos en este libro, algunos poemas han sido compartidos con algunas queridas personas a quienes agradezco su generosidad.

Juan Antonio Ruiz Gómez

Madrid, 26 de diciembre de 2024

FLORECER EN EL ABISMO

JUAN ANTONIO RUIZ GÓMEZ

ILUSTRACIÓN DE DAVID RUIZ RODRÍGUEZ

Atrapados

Atrapados en una continua oscuridad

no sabían compartirse.

Entre miedos, dudas, silencios

no había manera de avanzar

hacia la sencillez.

Con una voz llena de cristales,

el viento hablaba en las copas de los álamos.

A veces, se escuchaban sonidos de otros lados,

incluso, el murmullo de la sangre.

Pero esas interferencias pasarían pronto.

Había que mantener la paciencia,

la energía en ese largo camino

y enterrar el gesto de derrota,

la nostalgia anticipada.

Mientras veían amanecer,

no intercambiaron una palabra.

No había ninguna queja,

ni necesidad de tomar otro atajo.

Sólo bastaba con flotar

en esa piel transparente,

para que el sol pudiera reunirlos.

El sol va subiendo

El sol va subiendo, mientras el cielo

cambia de colores.

En la calle se ha levantado un viento

que incita a los árboles a la batalla.

¿Por qué hemos perdido nuestros valores?

Luchemos para entendernos,

para apartar el dedo de la culpa.

Cuando estamos oscuros,

el tiempo nos impone sus traiciones

y nos desnuda de amor y de costumbres.

Nos hacemos tan pequeños

que en los cuerpos casi no se distinguen

los rostros atravesados por la duda.

Siempre tiene que haber un espacio

para evitar que todo arda,

que todo esté fuera de control,

para observar, como a las tormentas,

en la distancia.

Por fortuna, sus manos de azúcar

tienen la llave del infinito.

Se veía

Se veía el antiguo puerto.

No había más que madera y mar.

El mar más abierto que recuerdo.

Las nubes se amontonaban

como bloques de granito,

como campos minados de tristezas.

Enredada en la oscura marea,

estalló la tempestad

dejando los cuerpos sin memoria,

reduciendo la probabilidad

de vivir el enigma de una forma plena.

Allí me preguntaste qué historia

me llevaría al futuro.

No dudé, un mundo donde cada persona

vive por una idea

porque se sabe que nunca vemos

todo lo que se puede ver;

que lo hermoso sucede sólo una vez;

que nunca es tarde para empezar de nuevo;

que en algún lugar dos personas

están buscando el origen;

que todo se alcanza con dulzura.

Te encuentro y siento que la tierra nos envuelve.

Cuando nos descubrimos

Cuando nos descubrimos abandonados

hasta el aire parece tangible.

La tormenta se adelanta,

aunque el sol continúe su marcha.

No estamos preparados para la pérdida.

Eso nos vuelve locos, frágiles, oscuros.

Ya no hay olvido ni paz.

Cómo vamos a entenderlo,

si somos esencialmente buscadores,

inventando palabras encadenadas.

En el bosque la luz se convierte en madera.

Parece que todo va a estallar

y surgen arces en mi espalda.

Me tragan los abismos

en la ternura constante de tu piel.

Me dejo arrastrar por la imagen de tu sacrificio,

sin esperar otro premio

que tu voz y tu cuerpo se hagan inalcanzables.

Entonces, a partir de ahí, empieza todo.

Naciste

A David

Cuando naciste supe que toda la vida serías tú.

Miré hacia arriba.

El sol estaba ascendiendo.

Las nubes se movían en el azul cobalto del cielo.

Sólo se escuchaba el alboroto

que producían los pájaros.

En aquel fulgor rojizo, cálido y hermoso

trataba de adivinarte detrás de los silencios,

adentrándome en el reino de tus juegos.

Creciste como una flor, intacta y poderosa,

que quería escapar,

vivir en la fantasía de un viaje sin retorno

asumiendo la pérdida de un relato común.

Por qué esperamos otro mundo

si todo está escrito en el lugar exacto.

Es nuestro destino:

buscar lo inexistente,

aceptar la pesadumbre,

aprender a envejecer.

Lentamente

Lentamente el miedo adquiría

cotas desproporcionadas.

Les dijeron que, al menos una vez,

se encuentra lo que se busca.

Pronunciaban las palabras

como una esperanzadora profecía.

Temblaban antes de tomar cualquier decisión.

No había compasión. Tampoco pena.

Ahora se necesitaban.

Después de haberse querido tanto,

sabían que ya no era suficiente.

¿Es el silencio o es la culpa?

Se miraban de lejos,

asustados e indecisos,

como caminantes indefensos

con los cuerpos atrapados

entre los árboles

de un bosque sin olor.

Conocen esa mirada.

Parece que se va,

pero siempre regresa para sorprenderles.

A lo lejos

Al pueblo de Ucrania

Cuando abrí los ojos ya era demasiado tarde.

A lo lejos algunos cuerpos se quedaban encendidos

entre la tierra roja y el cielo turbio.

Habrían necesitado nuestro apoyo,

aunque en el fondo nada hubiera cambiado.

El odio nos invadió de nuevo

más doloroso, más fuerte que nunca.

Nos estaba dando una identidad.

Habíamos perdido todo.

Vivir es insoportable

cuando se tiene un nudo de sentimientos

que se quiere sacar afuera y no se puede.

La muerte no cambia nada.

No creo que lo haga,

aunque ahora esté en el centro de las miradas.

La obsesión nos corroe,

entre la indiferencia y la hipocresía,

creando una máscara para aprender a sobrevivir

y recordar a la gente de los márgenes

reducidos a la nada.

Ahí

Ahí se decidió todo.

Sentimos cómo de pronto

nuestras mentes fueron succionadas.

Nunca volveríamos al viejo paraíso.

Nuestra única salida era el silencio.

Vivimos en las fronteras del cambio.

De haber tenido tiempo para meditarlo,

las palabras se habrían vuelto de agua

para asistir al regreso de la vida.

El tiempo confundió sus hilos

y nos situó ante una bifurcación de caminos,

abandonando nuestro destino al azar.

A veces, cuando abro los ojos en ese mundo,

conviertes, como los magos, la pena en simulacro.

Conoces a la perfección el lenguaje de los árboles,

te gustan su olor áspero, su viento salvaje.

Somos breves, fugaces.

Quedan los abrazos.

El aire

A Ucrania, un año después

El aire se estremeció.

Nos fuimos de la dulzura

porque no hay nada estético en las lesiones.

Era una oleada de odio

que sólo podía llevar rencor y amargura.

Los hilos ya estaban tendidos y dispuestos.

Quizás entre la locura y la pasión

no hay más que un paso,

por eso dejamos que el dolor tomara el poder.

Ha pasado un año y todavía estamos aquí.

El silencio es nuestra única terapia

con la sensación de no existir nunca más.

Todo seguirá su lento curso;

el tiempo anudará las verdades

porque nada es más permanente que lo cotidiano.

Guardamos los huesos en la memoria

y los rumores se repiten con el mismo sabor acre.

Sólo se puede reconocer el sonido del viento.

Un olor a pinos también llega

a través del aire frío de la noche.

Se olvida

Cuando el amor se olvida,

nos posee el silencio,

nos envenena con la rutina, con el dolor del pasado;

se traga a un tiempo el presente y la eternidad.

Pensábamos triunfar donde otros fracasan

con sus raíces secas.

Después de noches sin estrellas

resonó en el bosque un sonido hueco y perdido.

Veo en tus ojos la imagen líquida

de mi rostro asustado.

Sé quién soy porque me miras.

Me moldeas, frágil y sabia,

con cuerpos robados por el día.

Te esperaré en nuestro sitio

con los labios preparados.

Esa grieta

A través de esa grieta

se escapa la dulzura del tiempo.

La bondad siempre resulta sospechosa

cuando hay árboles mirándote.

De niños sentimos una soledad infinita,

silenciosa como la nieve.

Eso es tan inevitable, tan humano

que es preciso regresar

para que se remuevan las raíces.

Ahora pienso en las orillas.

Nos queda la esperanza

de que probablemente vuelva

o se quede detrás de los espejos.

Aunque duela como una llaga,

aunque sangren los ojos al mirarte

sabemos que lo que no se recuerda,

se acaba.

Dime lo que he de hacer

para seguir durmiendo en el asombro.

Tus palabras de lluvia se agolpan

en el rito de la espera.

Siempre

Siempre se protegían cuando los caballos pasaban.

Olvidados en algún lugar terrible,

torturados por el viento.

Quizá no lo recuerdan.

El amor no se elige.

Quien lo hace se desgasta en silencio,

se equivoca.

Quien no sufre,

se quema en los gestos

antes de que el tiempo empiece.

Tantas veces se han salvado

que tan sólo luchan por respirar,

por encontrar en sus ojos

aquellos pájaros que nunca regresan,

que rompen el aire puro de la noche.

El mundo es su única herencia,

aunque su vida se construyó sobre un error

y la ternura se acabó en el deseo.

Deambulaban

Deambulaban por pequeñas calles

tratando de alcanzar cosas que ya no existen.

Aunque no haya nada que esperar,

nada impide seguir esperando

y recorrer por última vez el laberinto.

Consiguieron sublimar el deseo

para establecerse en él.

Ahora suena como el viento, como la tormenta,

convirtiéndose en su garantía, su refugio, su luz.

Así hay que vivir en la belleza.

La luna estaba en creciente,

la noche era templada.

En sus cinturas laten dunas

donde quedan huellas de su muda complicidad,

su verdadero lenguaje.

En otra primavera,

brotarán en las hojas

para entrar de nuevo en la vida.

El único

El único amor eterno es el amor imposible.

A veces, les asustaba hasta la sombra de las nubes

en lo más profundo del bosque,

sabiendo que todas las noches terminan

para poder internarse en el misterio.

Un fuerte viento entró de súbito y cerró la puerta.

Estaban molestos por tanta imperfección

en el mundo.

A menos que sucediera algo extraordinario,

poseerle no era posible.

Se admiraban de cómo él se alimentaba de ella,

de su olor suave y dulce provocado

por la proximidad de sus cuerpos,

metidos en un cúmulo de deseo

que no los dejaba pensar.

Vivían un momento prestado,

engañados por la belleza.

No eran sino debilidad y ausencia

en dos soledades compartidas.

En amores hay unos que aman

y otros que se dejan amar

en una sufrida fortuna que arde en el tiempo.

Añoraban el sol

porque el amor siempre espera.

«...en el estío la opacarofilia
llega con el ocaso»

A Paco y Mariajo

Cada día esperaba su vuelta,

invocando su recuerdo junto al fuego.

Pronunciar su nombre me traía su presencia

y mi comienzo.

Siempre me desvelaba el momento

con la misma lentitud.

Tumbado a la sombra de un árbol,

se hizo un silencio profundo,

una fractura en el tiempo.

La memoria nos está llamando.

Tiemblan las palabras verdaderas.

Quizá todo lo que queda, sea ese ruido cruel,

ese exilio que nos cerca.

Iré al mar para ver el mediodía

cayendo sobre el agua.

Inventaremos otras formas de ser

como hacen los niños cuando juegan;

encontraremos el lugar que no conoce el horizonte,

ese sitio seguro donde fluye el paraíso.

Allí tejeré mi imagen para hacerla

a la medida de tu cuerpo.

Ven y sálvame como tantas otras veces

de mis miedos.

No conozco el regreso.

Ahora

Ahora que no queda nada.

La clave está en regresar. En saber regresar.

Pertenecen a un mundo que ya no existe

donde se quebró la hermosa armonía.

Vivían escondidos

preguntándose cómo serían los besos,

si temblarían de deseo,

si se mirarían embrujados.

Aunque todas las vidas estaban destinadas

a perderse

lo mejor sería visitar los sueños

y dejarse torturar por el mágico castigo.

Todo está aquí.

Parece que las luces se apagan

y, una vez más,

el amor toma forma de cuerpo

y se pierden

y se vuelven a encontrar.

Qué somos

Qué somos de verdad para los demás.

Hay un mundo en el que no podemos entrar,

que desconocemos

porque las palabras no lo permiten.

Siempre hay un temblor del pasado

que les traía de nuevo a la tierra.

Aunque quisieran ya no podrían ver nada afuera

porque al otro lado del espejo todo estaba anegado.

Eran cuerpos sin sonidos,

deseando el roce de unos labios

que los convirtiera en belleza

porque así creían que estaban protegidos del mal.

Un olor a lavanda impregnaba el aire.

La delicada luz del sol les calentaba

a través del cristal.

Vivimos

I

Vivimos en la mirada de los demás

porque no sabemos renunciar a los deseos.

En medio de la calma,

el aire se queda quieto

en los temblorosos cuerpos.

II

Hay que tener cuidado con la belleza

si nos preguntamos por los lugares sagrados.

El miedo lo sabe muy bien.

III

Cuando el bosque llora,

empuja las manos de los negros mensajeros

y las entierra en su propia raíz amarga.

A veces para olvidar,

basta con cerrar los ojos

y esperar el destello del día.

IV

El recuerdo aguanta

como el verdor de los abetos en invierno,

endureciendo las vidas.

Todavía

Todavía no habían llegado las lluvias.

Aprovecharon el misterio y el silencio

para convertirse en cuerpo.

Cada encuentro les protegía de la memoria,

sobreviviendo a la indecisión.

Como un enigma, querían estar solos

para buscar su camino en la confusión del destierro,

rodeados únicamente por su voz.

Eran dos seres heridos

que sentían el viento en la piel

y miraban con perplejidad

las sombras vivas de la noche,

intentando descifrar

el mensaje que les enviaba el destino.

Siempre se desea demasiado

para dominar la vida,

para allanar la realidad,

para librarse de la tiranía del tiempo.

Por desgracia

Por desgracia, no queda memoria

de lo que se dijeron.

Tras un momento en el que se observaron

en silencio,

todo quedó unido.

Habían hecho el voto de dedicar su vida

a su contemplación.

Aunque el amor habite en el olvido,

los dioses no conocen prohibiciones

y siempre desean confundirse entre los amantes.

Los días se agolpaban entre sí.

La lluvia había cesado, el cielo estaba vivo.

Bebían de las flores,

contemplando el aire cristalino,

los chopos iluminados.

Habían desertado de su propia piel

porque sabían que el deseo de acercarse

y el miedo de estar cerca

les llevarían a lugares que no podrían abandonar.

Decidieron alejarse de sus cuerpos,

escapar juntos de aquel mundo donde estaban

para vivir en otro donde sólo las miradas contaran.

Habían llegado

A la Fundación Aladina

Habían llegado a estar muy cerca,

más allá de las palabras.

El silencio les llenaba de angustia.

La visita a la eternidad había terminado.

Buscarían otro lugar

donde deslizar sus pequeños mundos,

donde no estar aterrados

ni atrapados en un tiempo equivocado.

Volverían a florecer en el abismo.

Qué son esos sueños, por dónde han entrado.

La noche está fresca, arrulladora, inocente.

Las sombras de las hojas

se proyectan en sus cuerpos.

Caen las horas y la puerta se cierra

con la aparición de las primeras estrellas.

No tienen nada más que su imagen

como un olor en el aire que dura toda la vida.

Descosidas

Descosidas en la línea difusa del horizonte

se veían las primeras estrellas en el cielo.

Qué podría perder.

La búsqueda comenzó en su ausencia,

que se convirtió en misterio

por su incapacidad para nombrar.

Volvió insomne al lugar de la ficción

donde estaba guardado su retrato futuro.

Se había transformado en algo irreal

como algunas criaturas mitológicas

que no se pueden mirar de frente.

Esa era la forma deseada

que al llegar a su plenitud, se desvanecía,

para volver a empezar de nuevo.

Sentía su mirada.

Siempre le escuchaba.

Es muy fácil amar a los muertos

cuando son víctimas de nuestro dolor.

Por qué

¿Por qué eligieron traicionar el amor?

Nadie puede escapar. Todos se queman

en su fuego.

Quien ama, desea la felicidad

a pesar de la angustia.

Nunca volvieron a reírse así,

con esa mezcla de intensidad, locura y alegría.

Ya no se veían, siempre con la mirada perdida.

Saturados de recuerdos, no eran capaces de sentir

que la vida empieza de nuevo.

Ese sonido delgado y elástico

que se extiende por el aire,

que va alterando las pequeñas cosas del lugar.

Esa luz indecisa, que flota antes del amanecer

cuando la niebla se disipa,

se percibe, al menos durante unos instantes,

hasta que el resplandor irrumpe de golpe

y reclama su espacio.

Se preguntan cómo podrían hacer

el camino inverso,

transgredir los límites de la realidad,

volver a conocerse.

Vivir sin los otros es imposible.

Dicen

Dicen que habían huido del amor

aunque, tal vez, fue él quien los dejó.

No lo merecían.

Ya no podían tocarse,

se alejaban enseguida,

se deshacían.

Tenían que cambiar su vida silenciosa,

su manera de quebrar la belleza

para separarse de la angustia.

Los árboles se habían quedado desnudos.

Las hojas frías se esparcían por el suelo.

El mundo era ahora un rumor lejano

que nunca se acercaba,

que guardaba los límites

para mantener el orden secreto.

Lo único que querían era una grieta

por la que fugarse

y dejar de pertenecer a ese lugar.

En la oscuridad les seguía invadiendo el miedo,

pero conservaban intactas algunas imágenes

y el recuerdo de una piel suave entre las manos.

De nuevo

A Manuel

De nuevo, fue su momento en el mundo.

Sabía que la vida empieza si hay dos

porque naces cuando amas.

El cielo se alzó, se hizo más ligero,

se resquebrajó.

Iba a ceder ante aquella emoción

que no cabía en los mapas,

creciendo en silencio,

como la lentitud de las noches en la infancia.

La vida es tan dulce

que prefería su tibio, su incesante resplandor.

Aunque el recuerdo del deseo se había secado

y equivalía a encontrarse sin piel,

volvió a soñar con caballos

que le alejaban de todos los miedos.

El sendero

El sendero se había llenado de hojas secas.

No habría primavera.

Vivían desorientados, en constante naufragio,

con una necesidad irreprimible de consuelo.

Necesitaban reordenar su mundo,

Colorear de sueños las paredes

que hasta ahora sólo encerraban ausencias.

Sabían que había pesares, heridas y renuncias

que no cicatrizarían jamás.

Dejaron de hablar.

Permanecieron así largo rato.

En silencio.

Echando al fuego los remordimientos

que se arrastraban desde el pasado.

Ahora pertenecen a un reino

sin memoria, sin conciencia, sin lenguaje

donde se encuentra la paz en las miradas.

El amante

En todo gran amor es posible lo imposible

porque el amante es más divino que el amado.

Sabía que esperar toda la vida no era realista,

pero vivir sin amor es mucho más triste.

Nunca le pareció elegante el desaparecer

a pesar de que la belleza

también ahoga cuando nos atrapa.

Y así iban pasando los días y las noches,

sin entender el dolor de los gritos

provocados por ese asombro.

Dejándose guiar por Eros,

continuó caminando, rodeado de bosque y viento,

entre todas aquellas hojas que alfombraban

el misterioso suelo.

Con la palabra conservaría el recuerdo

de lo que nunca iba a suceder.

A cada paso

A Seles

A cada paso caen de los árboles.

Por todas partes hay hojas secas.

Aquella tarde el aire era muy delgado,

se estrechó el cerco de las nubes.

Dejé que su respiración soplara en mí,

que encontrara allí su único espacio de calma

en la redondez del silencio

tranquilo, transparente.

¿Cuántos bosques cabrían en sus ojos?

Una vez nacido no hay amor que desaparezca.

Necesito volver a ver el cielo,

escuchar el despertar de las aves,

hacerle un hueco al dolor

por la necesidad de recordaros.

Deshabitados

Estaban deshabitados,

constituidos por vacilaciones,

sumergidos en un mar de palabras,

ahogados por el pájaro de la duda.

Tan sólo les quedaba una sombra de futuro.

Pasaban los días volviendo su carne

hacia el silencio,

con ganas de comenzar desde cero,

mezclando sus siluetas.

Pensaron que podían sentirse

a través de la superficie sensible de sus cuerpos

en un ritual sagrado, de penumbra roja.

Una luz nueva, dorada se filtraba entre los árboles.

Debían encontrarse antes de que el viento

esparciera todos sus rastros.

Ahora me detengo y escucho

la fábula sobre su lugar en el mundo,

donde únicamente existen el tiempo flexible

de los sueños

y algunas palabras para celebrar la belleza.

La lluvia

Al pueblo de Valencia

La lluvia oscura del otoño

sembró truenos temblorosos en el horizonte.

Los gorriones, los suspiros, las sombras:

todos huían.

Nunca se había sentido nada de eso hasta ahora.

Su espalda quedó al descubierto.

Se vieron las marcas de las alas arrancadas.

Era parte de su misterio.

Se blindó como un dátil,

adentrándose en el silencio.

En su interior tan sólo quedaba

un vasto campo de azaleas.

Convertidos en otras formas,

el faro de la noche les convocó

como si fueran los últimos supervivientes.

Sabiendo que el verdadero espejo es la mirada,

se buscaban sin encontrarse,

proyectando una vista completamente solitaria.

Bajo el amparo de un olivo se sentaron exhaustos.

¿Qué sería de todo ello al final de los días?

En la infancia

Como lo hacían algunas pesadillas en la infancia,

le empezó a aterrorizar el amor.

Quiso vivir con calma, sin prisa de morir,

sin miedo;

observando todo a su alrededor

para aprender lo máximo posible.

Descubrió que no hay más amor que el soñado,

que los ojos habían perdido la luz y la intensidad.

La vida se parecía a un mar abierto.

La primavera se extendía por todas partes.

Los pájaros gritaban fuera de sí,

enredados en los bosques,

creando su pequeño olvido.

Ya no tenía sentido representar nada,

ni dirigirle palabras al sol

en un mundo de engaños.

Elegiría la oscuridad en su vuelta al útero materno

para ser sólo un recuerdo,

un silencio en la eternidad.

ÍNDICE

Otras obras del autor

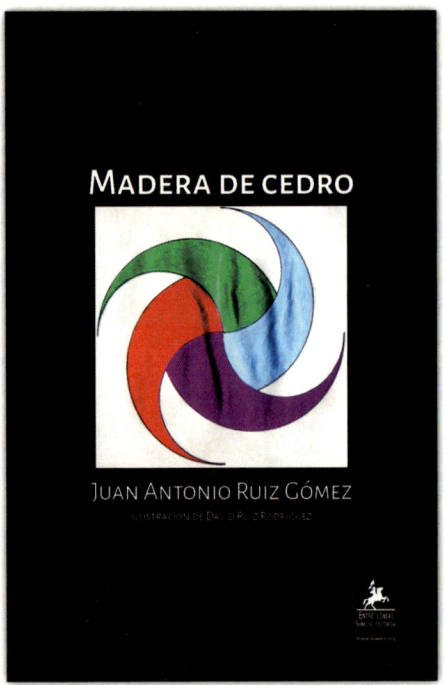

«Madera de cedro» refleja el paso del tiempo. La fragilidad del ser humano siempre reclama amor, sin duda, la más poderosa certeza.

Título: Madera de cedro
Autor: Juan Antonio Ruiz Gómez
P.V.P. 11,00€
Poesía
ISBN: 978-84-125027-3-2

Pedidos:
www.eraseunavez.org
entrelineas@eraseunavez.org

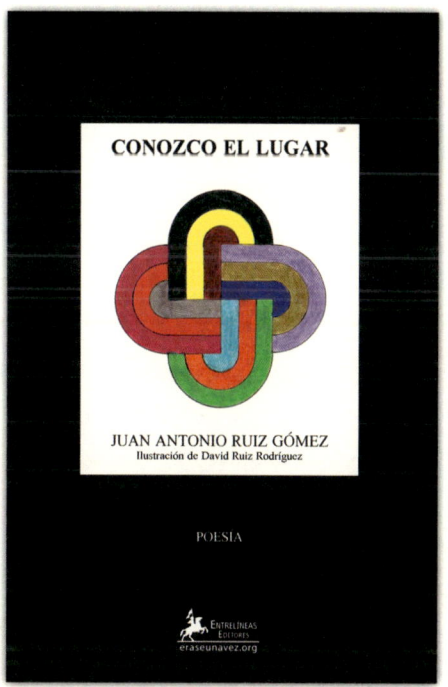

«Conozco el lugar» es un viaje intimista hacia lo profundo. En un extenso y único poema fragmentado, la búsqueda del tú esencial se convierte en conocimiento, en permanente encuentro.

Título: Conozco el lugar
Autor: Juan Antonio Ruiz Gómez
P.V.P. 11,00€
Poesía
ISBN: 978-84-948231-1-4

Pedidos:

www.eraseunavez.org
entrelineas@eraseunavez.org

Sunrise Editorial

....

'Más vida'

Sunrise Editorial es un espacio de creación y de manifestación vital donde se potencia a quienes de algún modo intentan renovar la literatura en español, dándole un soplo de frescura; sus talleres están abiertos también a quienes tienen algo fabuloso que contar. Cada título es una joya del autor, porque en su interior palpita su vida. Lo que cuentan, su escritura, es el Sol; y nuestros autores, sugestivos girasoles creativos. Los girasoles miran y buscan el sol. En días nublados, se miran unos a otros buscando la energía de cada uno. No se quedan mustios ni con la cabeza baja, se miran unos a otros y siguen erguidos. En nuestra editorial no se compite: se comparte. Si no tenemos sol todos los días, nos tenemos unos a otros para seguir brillando... viviendo.

El girasol y la fábula

....

SUNRISE
Editorial

eraseunavez.org

C/. Lima, 42, posterior
28945 Fuenlabrada, Madrid
autores@eraseunavez.org
www.eraseunavez.org